Princípios do Marketing Zen

Ronald Z. Carvalho
com Marcel Hiratsuka

Frases, provérbios e ideias para a inspiração e prática na vida cotidiana - em casa ou no trabalho.

TÍTULO ORIGINAL
Princípios do Marketing Zen: frases, provérbios e idéias para a inspiração e prática na vida cotidiana, em casa ou no trabalho

Direitos de edição adquiridos pela
EDITORA CAMPO MATÊMICO

EDITORAÇÃO ELETRÔNICA
Marcel R. Hiratsuka

EDITOR RESPONSÁVEL
José Nazar

Rio de Janeiro, 2010

CIP-BRASIL. CATALOGAÇÃO-NA-FONTE
SINDICATO NACIONAL DOS EDITORES DE LIVROS, RJ

C327p
Carvalho, Ronald Z., (Ronald Zomignan) 1944 -
Princípios do Marketing Zen: frases, provérbios e ideias para a inspiração e prática na vida cotidiana, em casa ou no trabalho
/ Ronald Z. Carvalho com Marcel R. Hiratsuka. – Rio de Janeiro: Cia. de Freud, 2010.

ISBN 978-85-7724-041-8

1. Marketing. 2. zen-budismo I. Hiratsuka, Marcel R. II.Título.

07-4691. CDD: 658-8
CDU: 658-8

23.08.08 24.08.08 004692

ENDEREÇO PARA CORRESPONDÊNCIA

Companhia de Freud

Rua Barão de Sertório, 48
Tel/Fax.: (21) 2273-9357 • (21) 2293-5863
Rio Comprido - Rio de Janeiro
E-mail: ciadefreud@gmail.com
Site: www.ciadefreud.com.br

Índice

Introdução

Sobre o autor.
Sobre este livro.

Ronald Zomignan Carvalho completou em 2010, 46 anos de dedicação à prática do marketing e da estratégia empresarial. 30 anos de prática zen. 30 anos de consultoria, depois de 16 anos de atuação como executivo de empresas como Johnson & Johnson, Ogilv, Heublein etc.

Professor há mais de 35 anos, de marketing e estratégia, poeta com muitos livros publicados e colaborador atuante dos maiores veículos paulistas e nacionais.

Hoje, Ronald vive em Vitória (ES), trabalhando no mundo - em consultoria, faz palestras, pelo Brasil e escreve muito.

Chegamos, assim, a este livro.

Que resume um pouco de sua vida, que partilha seus conhecimentos e experiências, de coração.

Com todos aqueles que acreditam, como ele, no marketing, no amor e na ética.

O que é o Zen? E o que não é

D.T. Suzuki, o grande introdutor do Zen no Ocidente, diz que o Zen não é uma religião, nem uma filosofia. **É uma prática.**

O Tao Te Ching, o livro da vida, diz que a gente conhece o que é, pelo que não é.

Zen não é ser calmo, tipo "zuzubem", como muita gente acredita, nem é ser passivo. Muitos monges Zen estiveram entre os grandes líderes do povo vietnamita na Guerra do Vietnã.

Zen é ter consciência, é estar alerta. Zen é praticar a meditação para o auto-conhecimento e equilíbrio. É usar os ensinamentos do Buda para ser feliz e atuar em harmonia com o universo.

Zen é ser, sem agir e sem sofrer.

Ronald Carvalho

Marketing Zen: isso existe afinal de contas?

O Zen nada mais é que o Zen-budismo, ou seja, o budismo numa de suas formas. Quando os indus levaram o budismo à China, encontraram os mestres taoístas, que deram origem ao Zen.

Zen quer dizer "meditação."

Por isso, tudo é Zen.

O marketing pode ser Zen.

Basta ser Zen fazendo marketing.

No entanto, para fazer um bom marketing, é importante seguir os princípios básicos do Zen:

1 - Consciência;

2 - Auto-conhecimento;

3 - Respeito;

4 - Disciplina;

5 - Meditação.

Ronald Carvalho

O mais importante do Marketing Zen: o Respeito

Alguém já disse que um povo se conhece pela maneira como trata seus animais e suas praias. Você já viu como ficam as praias do Brasil num fim de tarde de domingo?

Pois é, isto é o que se chama falta de respeito.

O Livro da Vida, o Tao-Te Ching dos chineses, a Bíblia da sabedoria milenar, nos ensina que as virtudes mais importantes são a justiça, a humildade, e adivinhem, isto mesmo: o respeito.

Diz o Tao que quem respeita o outro não tem medo de nada, quem respeita sabe compartilhar, quem respeita reconhece seu valor e o do outro.

Juntamente com o respeito, a justiça e a humildade são a chave do sucesso, seja de uma empresa, de um povo ou de uma nação.

O respeito, diz o próprio texto do Livro da Vida, é a arma que o céu nos dá contra a morte.

Ronald Carvalho

Tao X Zen X Marketing

O Tao é Zen.

O Tao é respeito.

O Zen é respeito.

Marketing é respeito.

Marketing é Zen.

O caminho do respeito

é o Marketing Zen.

Ronald Carvalho

Quando um peixe nada,
continua nadando sem
que a água se acabe.

Quando uma ave voa,
continua voando e o
céu não tem fim.

Jamais um peixe nadou
até sair da água,
nem uma ave voou
até sair do céu.

Estudar o Zen
é estudar a si mesmo.

Estudar a si mesmo
é se esquecer de si mesmo.

I - Começando pelo começo

Uma coisa por vez. E na ordem certa

No marketing, na vida, não se deve queimar etapas.

O caminho disciplinado é um verdadeiro plano de marketing.

Ou um plano estratégico.

Tudo na vida pode ser feito usando o Caminho Óctuplo do Buda.

Nada na vida existe sem o Caminho Óctuplo.

Ou sem o Buda.

Ronald Carvalho

O caminho Óctuplo de Buda

Este é o ensinamento das pessoas iluminadas:

1. *Atenção correta*

2. *Compreensão correta*

3. *Pensamento correto*

4. *Palavra (fala) Correta*

5. *Ação Correta*

6. *Comportamento Correto (modo de vida)*

7. *Esforço Correto (pensar antes de agir)*

8. *Contemplação (concentração) Correta*

"Comece fazendo o que é necessário, depois o que é possível, e de repente, você estará fazendo o impossível ."

São Francisco de Assis

II - Conhecendo a si mesmo

The way to do is to be

Esta frase do Tao-Te Ching me acompanha há muitos anos, e carinhosamente eu a tenho dedicado aos meus clientes e amigos como bandeira de vida e de marketing.

Ela quer dizer, singelamente, que a forma de fazer alguma coisa é ser. Ou seja, que para realizar qualquer propósito, qualquer ato, você precisa ser aquilo a que o ato se propõe.

Em termos práticos não adianta querer vender uma imagem daquilo que você não é. Ou então, de forma positiva, que a melhor maneira de vender alguma coisa é ser, entregar aquilo que você está vendendo. Identidade.

No capítulo 48 do Tao que se encerra com esta frase, na antiga tradução de Witter Byner, o começo também é uma grande lição de vida e de marketing.

Não adianta debruçar-se da janela para ver melhor. O melhor é ir caminhar para dentro de si próprio. Marketing é um exercício constante de identidade.

Ronald Carvalho

> **Não adianta querer vender uma imagem daquilo que você não é. Marketing é um exercício constante de identidade.**
>
> **Ronald Carvalho**

Se você um dia encontrar numa multidão uma criança perdida, coloque-a num lugar bem alto e peça para ela gritar bem alto seu nome. Os pais logo, logo vão achá-la.

Se você conseguir este efeito em marketing, o sucesso é certo.

The way to do is to be.

Ronald Carvalho

"Não há necessidade de correr para fora para ver melhor.

Nem de debruçar-se de uma janela.

Melhor ir ao centro de si mesmo.

Quanto mais longe dele

Menos se aprende

Procure dentro de seu coração e veja,

O homem de sabedoria sabe a sua hora.

A forma de fazer é ser.

The way to do is to be."

Lao Tzu

Todos temos uma identidade: qual é a sua?

Minha mãe me ama porque sou filho dela: não tem dúvida sobre minha identidade.

Já para conquistar um amigo eu preciso que ele (ou ela) saiba quem eu sou com clareza, para poder me amar.

Identidade é a razão de ser dos relacionamentos. É a base do organismo social.

A consciência da identidade e seu exercício é marketing, é Zen, é tudo.

Lembre-se do velho ditado inglês: pássaros da mesma plumagem voam juntos. Abutres voam com abutres. Andorinhas voam em bando.

Ronald Carvalho

Missão e valores? Para que servem?

Missão é a identidade: o que somos, o que é nossa empresa.

Serve para que sejamos amados, para as empresas serve para que elas sejam reconhecidas e captem clientes.

Valores são instrumentos que nos ajudam a cumprir a **Missão.**

Exemplo: ética - serve para que inspiremos respeito e respeitemos nossos amigos e clientes. De novo a gente é amado etc.

Ronald Carvalho

Nas faculdades de administração de elite e nas grandes empresas, é incutida a seguinte ideia nos administradores profissionais: conhecei o vosso mercado.

Mas Kate e eu montamos a nossa empresa em um imperativo muito mais antigo: conhece-te a ti mesmo.

Tom Chappell

Missão e Valores

"Minha missão é viver em paz e gerar prosperidade espiritual e material para mim, meus filhos, minha família, meus colegas de trabalho e as pessoas ao meu redor, por meio do bom exemplo, do comportamento amoroso e centrado e da busca de excelência profissional e pessoal."

Revista Você S/A, dezembro de 2002

"Uma organização não se define pelo seu nome, estatuto ou produto que faz; ela se define pela sua Missão. Somente uma definição clara da Missão é razão de existir da organização e torna possíveis, claros e realistas seus objetivos."

Peter Drucker

"Seja flexível e, quando não puder aceitar os termos, aceite os meios termos.

Porém, não confunda meios-termos com meios valores.

Meios valores não existem."

Ilie Gilbert

"Aquele que domina os outros é forte;
Aquele que domina a si mesmo é todo-poderoso."

Lao Tzu

"A maior sabedoria que existe é a de conhecer-se!"

Galileo Galilei

"Quem conhece os outros é um sábio.
Quem conhece a si mesmo é um iluminado."

Lao Tzu

"Tente mover o mundo - o primeiro passo será mover a si mesmo."

Platão

III - Conhecendo o que o cerca

Conhecendo o que o cerca

Conhecer pode ser um verbo intransitivo.

Conhecer a si próprio.

E conhecer tudo.

Conhecer.

Ser.

Para saber que tudo é nada.

Saber tudo é saber aquilo que não sabe e aquilo que sabe.

Conhecer é o princípio do amor, condição essencial para ser feliz.

Ronald Carvalho

Talvez, além das ondas, do amor e do farol, não haja mesmo respostas.
As perguntas é que contam.

Ronald Carvalho

"Antes de começar o trabalho de modificar o mundo, dê três voltas dentro de sua casa."

Provérbio Chinês

"Vê mais longe a gaivota que voa mais alto."

Tao The Ching

"Se você conhece o inimigo e conhece a si mesmo, não precisa temer o resultado de cem batalhas. Se você se conhece mas não conhece o inimigo, para cada vitoria ganha sofrerá também uma derrota.

Se você não conhece nem o inimigo nem a si mesmo, perderá todas as batalhas."

Provérbio Japonês

"Assim, o que não é, nos ensina a entender o que é..."

Tao The Ching

IV - Construindo um futuro

Construindo um caminho, criando objetivos

O caminho do sucesso ou da felicidade é simples:

Identidade (Missão)

↙

Consciência (Conhecimento)

↙

Valores

↙

Visão

↙

Persistência

Um bom roteiro, alías, para um plano estratégico de marketing.

Ronald Carvalho

"Algumas coisas você não percebe porque são tão pequenas, mas outras você deixa de ver por serem tão grandes. Estávamos ambos olhando para a mesma coisa; só que ele estava olhando, vendo, falando e pensando a partir de uma dimensão totalmente diferente.

O que temos aqui é um conflito de visões da realidade."

Robert Pirsig

"Os grandes navegadores sempre sabem onde fica o norte. Sabem aonde querem ir e o que fazer para chegar a seu destino. Com as grandes empresas acontece a mesma coisa: elas têm visão. É isso que lhes permite administrar a continuidade e a mudança simultaneamente."

James Collins e Jerry Porras

"Gatinho Cheschire", Alice perguntou... "por favor, diga-me que caminho devo seguir?"

"Depende de onde você deseja chegar", respondeu o gato.

Lewis Carroll

"Semeie melões, colha melões.

Semeie feijões, colha feijões."

Provérbio Chinês

"Gerencie seu presente, esqueça seletivamente seu passado e dê combustível para o futuro."

C.K. Prahalad

"Visão sem ação é devaneio. Ação sem visão é pesadelo."

Provérbio Japonês

"(...) A diferença vital entre o sucesso e o fracasso de uma empresa pode frequentemente ser atribuída à questão de até que ponto as organizações aproveitam bem a energia e o talento de seu pessoal. Que faz ela para ajudar as pessoas a achar um denominador comum que as aproximem? Como as mantém direcionada em torno de um mesmo objetivo?"

Thomas J. Watson Jr.

"Depois de imaginar o futuro, a empresa precisa encontrar a estrada que a leva do hoje para o amanhã."

Hamel e C.K. Prahalad

"Conhecer sem pensar é inútil.
Pensar sem conhecer é perigoso."

Confúcio

Ontem, hoje, amanhã

Planejar é conhecer o passado para poder construir o futuro, agindo no presente.

O Dalai-Lama escreveu que só existem dois dias no ano em que você não pode fazer nada - ontem e amanhã.

O futuro é hoje. É o que você faz hoje, é a cadeia lógica da vida, do ser.

A isto o Zen chama de Carma, ou seja, o resultado dos seus atos cotidianos.

Ronald Carvalho

O futuro não é mais o que costumava ser.

Yogi Berra

O futuro é logo ali

O futuro é desenhado (como nos velhos filmes de Vittorio De Sica) por essa seqüência mágica.

Planejar não é adivinhar o futuro, nem determinar o que vai acontecer, ou, pior, forçar para que tudo aconteça de acordo com metas pré-estabelecidas.

Planejar com eficácia é respeitar a vida. É conhecer e respeitar o ambiente, compreender os desejos daqueles com quem você se relaciona e otimizar o exercício da identidade.

Planejar em direção a metas rígidas é gerar sofrimentos, fruto da ansiedade e da ilusão.

A gestão eficiente é ética, suave, feliz, natural e preserva a vida.

Ronald Carvalho

"O homem deve criar as oportunidades e não somente encontrá-las."

Francis Bacon

"Se o povo for conduzido apenas por meio de leis e decretos impessoais e se forem trazidos à ordem apenas por meio de punições, ele apenas procurará evitar a dor das punições, evitando a transgressão por medo da dor.

Mas se ele for conduzido pela virtude e trazido à ordem pelo exemplo e pelos ritos em comum, ele terá o sentimento de pertencer a uma coletividade e o sentimento de vergonha quando agir contrário a ela e, assim, bem se comportará de livre e espontânea vontade".

Confúcio

"... onde estão as verdades do século XX?

Naufragaram todas.

Mas eu gosto de ver isso.

Os naufrágios são bons.

Nossa época é importante porque é um naufrágio de ideologias, de conceitos, de verdades convencionais.

Não vejo nisso o fim da civilização;

Acho que é um sinal de vida."

Federico Fellini

"A melhor maneira de prever o futuro é criá-lo."

Alan Kay

"Ultimamente têm passado muitos anos."

Rubem Braga

"Os analfabetos do futuro não serão aqueles que não souberem ler ou escrever, serão aqueles que não souberem aprender, esquecer o que aprenderam e aprender de novo."

Alvin Toffler

V - Mudanças

Sobre mudanças

"O que a lagarta chama de fim do mundo, o mestre chama de borboleta."

Richard Bach

A vida é mudança. O único estado definitivo do ser é a morte. Mesmo assim, a matéria continua em mutação. A sabedoria é ter consciência da mudança.

Aceitar e comandar a mudança.

O Iching diz:

"O grande homem muda como um tigre."

Ronald Carvalho

"O monstro da mudança está sempre à espreita e pronto para a batalha, mas, acreditem em mim, nós podemos vencer."

Jeanie Daniel Duck

Mudam-se os tempos, mudam-se as vontades,
Muda-se o ser, muda-se a confiança;
Todo o mundo é composto de mudança,
Tomando sempre novas qualidades.
Continuamente vemos novidades,
Diferentes em tudo da esperança;
Do mal ficam as mágoas na lembrança,
E do bem, se algum houve, as saüdades.
O tempo cobre o chão de verde manto,
Que já coberto foi de neve fria,
E em mim converte em choro o doce canto.
E, afora este mudar-se cada dia,
Outra mudança faz de mor espanto,
Que não se muda já como soía.

Luís Vaz de Camões

"A mudança é uma tarefa árdua e, no princípio, tudo parece um fracasso. Mas, se desistir quando os problemas se acumulam e os recursos, energia e tempo começam a escassear, então, sim, será mesmo um fracasso. Os líderes da mudança devem ser persistentes."

Rosabeth Moss Kanter

"Como não conseguimos fazer uma conexão entre nossa experiência pessoal de mudança e uma mudança corporativa, não permitimos que nossa experiência pessoal nos ajude a viver a experiência comercial."

Jeanie Daniel Duck

"Sempre que pensamos em mudar queremos tudo o mais rápido possível. Não tenha pressa pois as pequenas mudanças são as que mais importam.

Por isso, não tenha medo de mudar lentamente, tenha medo de ficar parado."

Provérbio Chinês

"Num processo de mudança, há sempre a questão: será possível mudar as pessoas? Não há resposta definitiva. Mas é possível, certamente, ativar algumas capacidades que não vinham sendo usadas. Numa organização burocrática, provavelmente muita gente é criativa, e se comporta assim em sua vida pessoal. Se você cria condições para elas usarem isso no trabalho, vai ficar surpreso com os resultados".

Geert Hofstede, extraído de entrevista a David Cohen, revista Exame, janeiro 2004

"As pessoas não resistem a mudanças, resistem a ser mudadas."

Peter Senge

"A mudança é a lei da vida. E aqueles que apenas olham para o passado ou para o presente irão com certeza perder o futuro."

John F. Kennedy

"O que é vivo é macio e flexível. O que é morto é duro e seco."

Tao Te Ching

VI - Liderança

Sobre liderança

"Dê aos filhos raízes. Mais tarde, asas."

Provérbio judaico

Não confunda comando com liderança.

A liderança é amor, a liderança apascenta, isto é, condiz com a paz do pastor de rebanhos.

Quem comanda exige resultados.

Quem lidera provoca a felicidade.

E aí acontecem os verdadeiros bons resultados.

Ronald Carvalho

"Mostre-me e olharei.

Diga-me e escutarei.

Envolva-me e aprenderei."

Confúcio

"Diga-me e eu esquecerei, mostre-me e eu posso lembrar, envolva-me e eu entenderei."

Provérbio Chinês

"Não fazer nada pelos outros é desfazer de nós mesmos."

Horacle Mann

A verdadeira liderança é o exercício da identidade. Seus liderados reconhecerão em você sua identidade, assim como você se reconhece no seu líder.

O verdadeiro líder , quando termina uma tarefa, o grupo pensa: que belo trabalho fizemos. Essa frase é do Tao.

Somos todos líderes e liderados.

Mestres e aprendizes.

Amados e amantes.

O amor é a verdadeira essência da liderança.

Ronald Carvalho

"Os líderes não transformam as pessoas.

O que fazem é proporcionar acesso a um exuberante portfólio de projetos, desafiando as pessoas a expressar a curiosidade e a visitar lugares com os quais elas jamais haviam sonhado. E, quando a viagem dá frutos, os líderes aplaudem como loucos, promovem 'sessões de fotos' e fazem soar as trombetas para comemorar as explorações de seus 'liderados'!

A saber: os líderes não criam 'liderados'. Formam outros líderes energizados, autônomos."

Tom Peters

"O líder deve proporcionar a disciplina para as decisões relativas às mudanças necessárias e às necessidades dos clientes a que a empresa responderá, ao mesmo tempo em que evita a dispersão organizacional e assegura a diferenciação."

Michael Porter

"Faça de cada passo uma celebração.

Não celebre apenas as metas alcançadas.

É preciso instilar orgulho nas pequenas coisas."

Jon R. Katzenbach

VII - Agentes da transformação

Peopleware

Não é possível viver sem amar pessoas.

Não existe sucesso sem amor ao cliente, pois o sucesso é fazer o cliente feliz.

Quem não ama seu cliente não precisa de treinamento.

Precisa de tratamento.

Quando entrevistar alguém para um trabalho de marketing ou vendas, a primeira pergunta deve ser:

"Você gosta de gente?"

Ronald Carvalho

"Para se conhecer alguém , basta observar a quem ele dispensa seus cuidados e quais os aspectos de seu próprio ser que cultiva e alimenta."

Richard Wilhelm

"Nenhum homem é uma ilha, sozinho em si mesmo; cada homem é parte do continente, parte do todo; se um seixo for levado pelo mar, a Europa fica menor, como se fosse um promontório, assim como se fosse uma parte de seus amigos ou mesmo sua; a morte de qualquer homem me diminui, porque eu sou parte da humanidade.

Por isso, nunca procure saber por quem os sinos dobram.

Eles dobram por ti."

John Donne

Há pessoas entusiastas, as que são evidentemente fanáticas e apaixonadas por tudo. E há as que não são.

Encontre as entusiastas.

Tom Peters

"As boas pessoas se aperfeiçoam quando têm oportunidade e corrigem os seus erros.

As boas pessoas analisam a si mesmas e cultivam a virtude.

As boas pessoas são factuais em seu discurso e consistentes em seus atos."

Confúcio

"O velho adágio 'as pessoas são o seu ativo mais importante' está errado.

As pessoas não são o seu ativo mais importante; as pessoas certas é que são."

Jim Collins

Mulheres. Ah, as mulheres...

Certamente o uso da intuição faz as mulheres diferentes: mais eficientes em certos movimentos gerenciais.

Mas não é só isso.

A mente feminina é agregadora. A mente masculina é competitiva.

A mente feminina é provedora, conserva a vida. A mente masculina é predadora, caçadora.

Juntando intuição com agregação você tem o perfil da mulher executiva, com uma pitada de doçura e encanto.

Ronald Carvalho

"O ponto de vista machista talvez seja interessante... Caso a pessoa queira enfrentar dinossauros. Atualmente, porém, garantimos nossa sobrevivência graças à inteligência, não ao poder e à agressividade. E a inteligência moderna implica intuição que, por sua vez, é um atributo tipicamente feminino."

Philippe Starck

Trabalho em equipe

Alfred Sloan, o famoso executivo que ergueu a GM, dizia que, caso perdesse tudo - marcas, fábricas, mas mantivesse sua equipe, em dez anos faria outra GM.

Também é famosa a metáfora em que compara a organização humana aos pássaros que andam em bando.

Um dos melhores exemplos de equipe é o mosteiro Zen, onde todos trabalham, tornando o local um ambiente feliz e auto-suficiente.

A única que se pode fazer sozinho com eficiência é ir ao banheiro...

O Iching diz:

"Os grandes exércitos avançam ordenadamente."

Ronald Carvalho

"Você não pode bater palmas apenas com uma mão."

Provérbio Chinês

"Unir-se é um bom começo, manter a união é um progresso, e trabalhar em conjunto é a vitória."

Henry Ford

"Na verdade, um dos elementos cruciais no ato de transformar uma empresa boa em excelente é um tanto paradoxal.

Você precisa de executivos que, por um lado, discutam e debatam às vezes agressivamente na busca de melhores respostas; e, no entanto, por outro lado, que sejam capazes de se unir por inteiro em torno de uma decisão, independentemente de interesses paroquiais."

Jim Collins

“No desfile das escolas de samba, a soma de talentos apaixonados produz o maior espetáculo da terra.”

Joãozinho Trinta

Marketing pessoal: no trabalho, na vida

Marketing pessoal não é comprar uma roupinha nova ou escrever um currículo bonitinho.

Marketing é ser feliz.

E ninguém é feliz contrariando sua vocação, seu desejo, seu temperamento.

O começo do bom marketing pessoal é conhecer-se.

O verdadeiro marketing pessoal não significa ser aceito em qualquer lugar.

Significa saber achar o lugar onde aceitam você. Com o perdão do exemplo, tipo gôndola de supermercado. Você procura sabonete na gôndola de refrigerantes?

No marketing de produto é simples. O produto não é bom? Mude o produto.

No marketing pessoal, é mais difícil mudar o

produto.

Mas às vezes é preciso mudar o produto.

Aí não é uma roupinha bonita que resolve. Tipo mudar a embalagem.

Só terapia, autoconhecimento, meditação, zen.

O produto fala, sente, pensa, sofre.

O produto é gente. Tem ego, alter ego...falso self.

Viu como marketing pessoal é complicado? Comecei falando de flores e acabei falando de Freud.

Ronald Carvalho

A linguagem

Linguagem não é apenas o que se fala. Filosoficamente linguagem é o próprio método de pensamento, a essência do ser.

Tudo que aprendemos passa pela nossa percepção. Para comunicar-se é preciso ter consciência.

Richard Bach diz que a gente tem que ser sincero consigo mesmo porque é impossível ser sincero com os outros.

Comunicar-se é ver o outro, e ver-se a si próprio.

Por meio do auto-conhecimento poderemos construir a ponte que vai de nós para os outros.

Ronald Carvalho

"Quem não se comunica se trumbica."

Abelardo "Chacrinha" Barbosa

"Quando você escreve um texto é o leitor não entende, burro é você, e não o leitor."

Roberto Duailibi

"Os limites da minha linguagem são os limites do meu mundo."

Ludwig Wittgenstein

"O mais importante na comunicação é escutar aquilo que não foi dito."

Peter Drucker

Ética e cidadania

Ética e eficiência são a mesma coisa.

Gestão sem ética é burrice.

A gestão ética é a gestão competente.

Desenvolvimento sustentável é um pleonasmo.

Não existe desenvolvimento sem sustentabilidade.

Desenvolvimento sem sustentabilidade é uma ilusão.

É uma contradição em termos.

Ética e cidadânia são sinônimos de eficiência e eficácia.

Ronald Carvalho

"Organizações éticas são, portanto, capazes de competir com sucesso, trazer satisfação pessoal aos colaboradores, conquistr consumidores e acionistas, e projetar um futuro promissor."

Mario Ernesto Humberg

"Eu não acho que haja uma crise de ética no mundo corporativo.

Continuo acreditando que ética é uma postura individual.

É você ser capaz de se olhar no espelho acreditando que fez o melhor que pôde."

Tom Peters

"(...) adotarei a explicação que deste termo deu o professor Moore em seu livro Principia Ethica. Ele diz: "A Ética é a investigação geral sobre o que é bom."

(...) E para que vejam da forma mais clara possível o que considero o objeto da Ética vou apresentar antes várias expressões mais ou menos sinônimas, cada uma das quais poderia substituir a definição anterior (...).

(...) Ao invés de dizer que "a Ética é a investigação sobre o que é bom", poderia ter dito que a Ética é a investigação sobre o valioso, ou sobre o que realmente importa, ou ainda, poderia ter dito que a Ética é a investigação sobre o significado da vida, ou daquilo que faz com que a vida mereça ser vivida, ou sobre a maneira correta de viver. "

Ludwig Wittgenstein

VIII - Mentes & Corações

Mentes & Corações

O mundo contemporâneo tentou e ainda tenta separar emoções e pensamentos, razão e intuição, coração e mente.

Seria como separar a mão do braço.

O sofrimento é o mesmo.

O homem total é o coração, intuição, sentimento.

E é também pensamento, razão e organização.

Qualquer coisa diferente disso não é humano. É, portanto, uma ilusão.

Ronald Carvalho

"Transformar nosso coração e mente é compreender como funcionam os pensamentos e as emoções."

Dalai Lama

"O homem superior tranqüiliza sua própria pessoa antes de se pôr em movimento; concentra-se interiormente antes de falar; consolida seus relacionamentos antes de solicitar alguma coisa"

I Ching, por Richard Wilhelm

"Os modelos atuais de negócios não dão suficiente importância ao fato inalienável na nossa existência:

Nada, ninguém, existe exceto em relação a alguma coisa. Nós só existimos em relação uns com os outros.

A vida é o negócio, e o negócio é a vida. Sendo um homem de negócio, eu não vejo como fazer ou ser coisas que eu como homem não faria ou seria. É simples assim."

Mel Ziegler

"Onde quer que vá, vá com todo o coração."

Confúcio

A marca americana Panama Jack de produtos cosméticos para uso em condições de exposição ao sol, tem registrado no seu contra-rótulo, na fórmula dos seus produtos, alguns componentes especiais: Love, Care and Pride - Amor, Cuidado e Orgulho.

Ronald Carvalho

"Uma mente fechada é como um livro fechado, simplesmente um bloco de madeira."

Provérbio Chinês

Para Buda, citado por Osho, a maior e talvez a única virtude é a atenção.

Ouvir as vozes interiores e exteriores, sentir e pensar o mundo e o outro, e o seu eu interior.

Pensar antes de agir, estar sempre alerta às mensagens que a natureza, as coisas, as pessoas, o silêncio, nos enviam a cada momento.

Ronald Carvalho

"O mundo possui muitas mentes brilhantes, mas hoje o mundo precisa de corações brilhantes".

Dalai Lama

"Como tornar nobre um espírito quando você vende uma coisa tão inconseqüente como um creme cosmético?

Você faz isto criando um senso de holismo, de desenvolvimento espiritual, um sentimento de ligação ao local de trabalho, um ambiente e relacionamentos interligados."

Anita Rodick

"Da minha aldeia vejo quanto da terra se pode ver no universo...

Por isso a minha aldeia é tão grande como outra terra qualquer

Porque sou do tamanho do que vejo

E não do tamanho da minha altura ."

Alberto Caeiro

Celebração e reconhecimento

O sistema de Arquitetura Organizacional de Victor Piñedo, representado no Brasil pela CTI de Francisco Loschiavo Neto, contempla nos seus 7 C's o item "Celebração".

Isto quer dizer apenas que as coisas boas nas empresas, as conquistas, as vitórias, devem ser celebradas.

Erra quem pensa que pagar bem motiva. Pagar mal desmotiva. Mas pagar bem não motiva.

Claro, o que motiva é amor

Celebre, isto é, reconheça. Não com dinheiro, mas com homenagens, palavras, gestos, de preferência públicos à toda a empresa e até à comunidade. E não esqueca os ritos. Atos, atividades dentro da empresa que lembrem constantemente as pessoa que elas pertencem a uma organização, que elas têm tarefas e metas, e que elas são respeitadas e queridas por isso.

A vida fica muito mais fácil.

Mais bonita.

Ronald Carvalho

"O poder de um toque, um sorriso, uma palavra afetuosa, um ouvido atento, um elogio sincero, um pequeno ato de cuidado não devem ser subestimados, pois têm o poder de mudar uma vida."

Leo Buscaglia

Recompensa financeira não motiva, prêmios financeiros não motivam.

A falta de remuneração adequada desmotiva, isto sim.

O que motiva é o reconhecimento, ou seja, o comprometimento.

O comprometimento obtém-se por meio da participação nas decisões e pela celebração conjunta.

Ronald Carvalho

"O homem superior promove e cultiva os homens capazes."

I Ching

"Não devemos permitir que alguém saia de nossa presença sem se sentir melhor e mais feliz."

Madre Teresa de Calcutá

"Trate as pessoas da forma como elas devem ser e ajude-as a se tornarem o que elas são capazes de ser."

Goethe

Otimismo & Humor

"Nenhum pessimista jamais descobriu o segredo das estrelas, ou velejou para terras ausentes dos mapas, ou abriu um novo céu para o espírito humano."

Helen Keller

"Há quem passe pelo bosque e só veja lenha para a fogueira."

Léon Tolstói

"A pessoa que não sorri jamais deveria abrir uma loja."

Léon Tolstói

"Mente nenhuma é de fato bem organizada se for deficiente em senso de humor."

Samuel Taylor Coleridge

"As coisas acontecem se você realmente acredita nelas.

Acreditar faz acontecer."

Frank Lloyd Wright

"Um otimista vê uma oportunidade em cada calamidade. Um pessimista vê uma calamidade em cada oportunidade".

Winston Churchil

"O otimismo é a fé em ação.

Nada se pode levar a efeito sem otimismo."

Helen Keller

Humor não é um estado de espírito, mas uma visão de mundo.

Ludwig Wittgenstein

IX - Fazendo as coisas acontecerem

Persistência

"Tudo que somos e tudo que seremos depende dos nossos pensamentos." A frase é do próprio Buda.

Como toda sabedoria antiga, pode parecer óbvio, mas a verdade é que não praticamos isso, não levamos a sério esta grande verdade, que vale não apenas na vida pessoal, mas para a empresarial.

Se não pensarmos, se não trabalharmos, se não quisermos que aconteça, não acontece mesmo!

Ronald Carvalho

"Há mais pessoas que desistem do que pessoas que fracassam."

Henry Ford

"Quem não acredita não tem a mínima chance de vencer. A dúvida mata a força criadora, faz tremer as mãos do artista e balança o amor do amante."

Roberto Shinyashiki

"Uma viagem de mil milhas começa com um único passo."

Provérbio Chinês

Se aceitarmos a derrota, com certeza seremos derrotados.

Ronald Carvalho

"Não tenha pressa, mas não perca tempo."

José Saramago

"Confie em Deus, mas tranque seu carro."

Dalai Lama

"Não tenha medo de crescer lentamente, tenha medo apenas de ficar parado."

Provérbio Chinês

"Os mestres abrem as portas, mas você precisa entrar por você mesmo."

Provérbio Chinês

"Onde há uma vontade, há um caminho."

Provérbio Chinês

"Melhor é acender uma vela do que amaldiçoar a escuridão."

Provérbio Chinês

"O rio atinge seus objetivos porque aprendeu a contornar obstáculos."

Lao Tzu

"O que for a profundeza do teu ser, assim será o teu desejo; o que for o teu desejo, assim será a sua vontade; o que for tua vontade, assim serão os teus atos; o que forem teus atos, assim será teu destino."

Brihadaranyaka Upanishad

"Existem cinco tipos de empresas: aquelas que fazem as coisas acontecerem; aquelas que acham que fazem as coisas acontecerem; aquelas que observam as coisas acontecerem; aquelas que se surpreendem quando as coisas acontecem; e aquelas que não sabem o que aconteceu."

Anônimo

A vida é cheia de surpresas; basta dizer nunca e você verá.

Anônimo

"O que as vitórias têm de mau é que não são definitivas.

O que as derrotas têm de bom é que também não são definitivas."

José Saramago

"Você não pode matar sua fome desenhando um bolo."

Provérbio Chinês

"Não são as más ervas que sufocam o grão.

É a negligência do cultivador."

Confúcio

"Esta é a mais dolorosa de todas as doenças humanas - dispor de todo o conhecimento e ainda assim não conseguir ter nenhum poder sobre a ação."

Heródoto

"Não espere pela sede para cavar um poço."

Provérbio Chinês

"Quem conhece a outrem, é ilustrado
Quem conhece a si mesmo, é sábio
O que conquista a outrem, tem força
O que conquista a si mesmo, é poderoso
Quem sabe contentar-se, é rico
Quem obra firme em seu propósito, tem caráter
O que não perde sua interioridade, resiste
O que morre, mas não perece, possui a vida eterna."

Lao Tzu (Tao The Ching)

"O gênio, esse poder que deslumbra os olhos humanos, não é outra coisa senão a perseverança bem disfarçada."

Johann Wolfgang von Goethe

"O pior naufrágio é não partir."

Amyr Klink

Pense duas vezes antes de agir, diz o velho ditado zen.

Haja duas vezes antes de pensar, diz Chico Buarque de Holanda em seus versos.

As duas coisas são verdadeiras. Porque existem sempre duas verdades.

E o caminho é sempre o do meio.

O caminho do meio não é a média entre os extremos.

É algo que descobrimos depois de conhecer e rejeitar os extremos.

Entre o abraço e o soco, existe um telefonema.

Ronald Carvalho

"Um homem precisa viajar. (...) Precisa viajar por si, com seus olhos e pés, para entender o que é seu.

(...) Um homem precisa viajar para lugares que não conhece para quebrar essa arrogância que nos faz ver o mundo como o imaginamos, e não simplesmente como é ou pode ser..."

Amyr Klink

X - Felicidade

"Para sermos mais felizes, precisamos regar a semente de consciência que existe dentro de nós.

A consciência é a semente da iluminação, da percepção, do entendimento, do cuidado, da compaixão, da liberação, da transformação e da cura.

Se a cultivarmos, entramos em contato com os aspectos prazeirosos e alegres da vida, em nós e ao nosso redor, coisas com as quais não podemos entrar em contato quando vivemos no esquecimento. (...) Quando entramos conscientemente em contato com a nossa dor, começamos a transformá-la.

Quando um bebê está chorando na sala, a mãe acode imediatamente , segurando-o ternamente nos braços, o amor e o carinho penetram o bebê e, em apenas alguns minutos, ele provavelmente deixará de chorar.

A consciência é a mãe que cuida da nossa dor toda vez que ela começa a chorar."

Thich Nhat Hanh

"O sucesso não é a chave da felicidade;
a felicidade é a chave do sucesso."

Albert Schweitzer

"Faça felizes aqueles que estão perto e aqueles que estão distantes virão."

Provérbio Chinês

"A alegria não está nas coisas, está em nós."

Johann Wolfgang von Goethe

"A ação nem sempre traz felicidade, mas não há felicidade sem ação."

Benjamin Disraeli

"Se alguém não encontra a felicidade em si mesmo, é inútil que a procure noutro lugar."

La Rochefoucauld

Ronald Z. Carvalho por Ronald Z. Carvalho

Sou, sempre fui, e sempre serei um homem de marketing. Mesmo quando ao longo de minha carreira, ocupei posições de direção geral em empresas, fiz televisão e jornalismo, agência de propaganda, jamais deixei de ser um homem de marketing.

Apud Ataulfo Alves, eu já era um homem de marketing e não sabia, desde criancinha. Há testemunhas de que, com doze anos de idade, eu fundei o Clube da Boa Ação no Colégio de São Bento em São Paulo.

Quer mais marketing do que isso?

Fui menino levado, líder estudantil de esquerda, poeta, jornalista na Última Hora do Vale do Anhangabaú, em São Paulo. Ao lado de Jorge da Cunha Lima, Ignácio de Loyola, Ricardo Amaral, Jorge Mautner. Acabei aluno da GV, andei um pouco pelo mundo, e pronto, virei homem de marketing de verdade.

Trabalhei em multinacionais, agências de propaganda, empinei papagaio, andei de caiaque, lutei pelas diretas, já tive filhos, carros bonitos, casa na praia junto à floresta, ganhei, perdi dinheiro.

Plantei árvores e escrevi livros.

Acreditei e investi na terapia e no zen.

Bem pesado, esta longa vida de lutas e amor, meio que construiu um profissional voltado para o amor e para as pessoas.

Claro que acumulei ao longo de todos esses anos alguma bagagem técnica.

Mas a essência disso tudo, eu desconfio, é gostar das pessoas e do planeta.

Por isso, neste momento, começo do século XXI, 40 anos de profissão, é que eu me sinto, acima de tudo, um homem de marketing.

E pulo da cama todos os dias, tomo um chuveiro, faço a barba.

Marcel Hiratsuka por Marcel Hiratsuka

Sou profissional da área de marketing e planejamento estratégico há mais de vinte anos. Formei-me em Propaganda pela ESPM. E lá mesmo me pós-graduei em Marketing. Sou casado e moro em São Paulo, onde conheci Ronald Carvalho.

Fiquei imensamente feliz por ter colaborado com Ronald. Dei-lhe algumas idéias, comentários, bem como algumas frases que estão presentes na obra, as quais, de coração aberto, foram aceitas e desenvolvidas no livro.

E esta alegria não é despropositada: creio no Marketing Zen tanto quanto Ronald. A prática Zen fala ética, respeito e a atenção. Como dissociá-las, então, da prática de um executivo de marketing em seu trabalho cotidiano ou de planejamento?

Falamos aqui de uma ideologia de trabalho e luta que nos abre caminho para atingirmos nossos desejos e aspirações.

Este pequeno livro nos dá dicas de como podemos, inspirados pela filosofia Zen, orientar as práticas do marketing e do planejamento. Com várias frases inspiradoras, espero que possa colaborar para motivar os que buscam planejar suas atividades de marketing ou mesmo pessoais.

Mas um lembrete: acima de tudo, o mais importante, é acreditar nas pessoas. Em você mesmo, em quem nos rodeia – amigos, colegas de trabalhos, familiares, todos aqueles com quem compartilhamos nosso dia a dia. A nossa vida. São elas, as pessoas, que fazem, no final das contas, as coisas acontecerem.

Sim, talvez o amálgama de tudo isso - da reflexão à prática, seja difícil e complicado.

Entretanto, por mais que eu seja um incorrigível otimista, não creio na transmutação do chumbo em ouro. Portanto, não consigo, sinceramente, conceber o sucesso, seja do que for, sem essa integração e harmonização – de reflexões, processos e pessoas.

De maneira escalar, gradual e sensata.

Esta é minha crença.

Boa leitura!

Até a próxima!

Você encontrou neste livro uma porção de contradições.

Que bom!

Primeiro isto quer dizer que você é uma pessoa inteligente.

Segundo que este livro é autêntico.

Tem gosto, cheiro e jeito de vida.

A maior contradição é que o Zen às vezes diz para não agir, às vezes diz para agir (isto se chama Hataraki).

E é isso mesmo...

Lembre-se:

"De todos as coisas certas,
a única coisa realmente certa,
é a dúvida."

(H. Ibsen, in "Peer Gynt")

Ronald Carvalho

VOZES IMPRIMIU